Fakultätsvorträge
der Philologisch-Kulturwissenschaftlichen Fakultät
der Universität Wien

T0145552

Fakultätsvorträge

der Philologisch-
Kulturwissenschaftlichen Fakultät
der Universität Wien

10

herausgegeben von

Franz Römer,
Susanne Weigelin-Schwiedrzik
und
Matthias Meyer

Reinhard Strohm

Europäische Musik des 15. Jahrhunderts in der Region Österreich

Vienna University Press
V&R unipress

Informationen über die Philologisch-Kulturwissenschaftliche Fakultät:
http://phil-kult.univie.ac.at/

Kontaktadressen der Institute der Philologisch-Kulturwissenschaftlichen Fakultät:
http://phil-kult.univie.ac.at/institute/

Anfragen und Kontakt:
info.pkwfak@univie.ac.at

Redaktion:
Sonja Martina Schreiner

Bibliografische Information der Deutschen Nationalbibliothek
Die Deutsche Nationalbibliothek verzeichnet diese Publikation in der
Deutschen Nationalbibliografie; detaillierte bibliografische Daten sind
im Internet über http://dnb.d-nb.de abrufbar.
ISBN 978-3-8471-0233-5

Veröffentlichungen der Vienna University Press
erscheinen bei V&R unipress GmbH

© 2014, V&R unipress in Göttingen / www.vr-unipress.de
Das Werk und seine Teile sind urheberrechtlich geschützt.
Printed in Germany.

Gedruckt auf alterungsbeständigem Papier

Einleitung

Das Forschungsprojekt »Musikleben des Spätmittelalters in der Region Österreich«, in dessen Rahmen der folgende Vortrag skizziert wurde, versucht die Erforschung der älteren Musikgeschichte enger an kulturwissenschaftliche Konzepte zu binden, als es bisher der Fall war.[1] Dies vermindert nicht unseren Respekt gegenüber der philologischen, gattungsgeschichtlichen oder ansatzweise sozialgeschichtlichen Tradition der älteren Musikhistoriographie. Im Mittelpunkt unseres Projekts stehen vor allem die Menschen, die früher mit Musik umgingen. Bei dieser Aufgabenstellung überrascht immer wieder, wie wenig wir Musikhistoriker heute von diesen Menschen wissen, auch nachdem wir Tausende von Musikstücken katalogisiert, Hunderte transkribiert und aufgeführt, ein paar Dutzend vielleicht zufriedenstellend erklärt haben. Umfassender darzustellen ist die Lebenspraxis der Musik, die sich nicht nur in Tönen, sondern in bedeutsamer Weise auch in Bild und Schrift abspiegelt. Man muss die Quellen jedoch nach den Menschen befragen.

Im Folgenden soll vor allem gefragt werden: Was bedeutete Musik für die Menschen des 15. Jahrhunderts in der Region Österreich? Wie weit ging die Vernetzung der verfügbaren Repertoires mit der Musik anderer europäischer Regionen? Was sind die kulturhistorischen Konstanten, die erlauben könnten, von einer »österreichischen Musikgeschichte« zu sprechen, und was sind ande-

---

1 *Musikleben des Spätmittelalters in der Region Österreich (ca. 1340-1520)*, FWF Projekt P23555, Universität Wien, Philologisch-Kulturwissenschaftliche Fakultät, Institut für Musikwissenschaft, Leitung: Univ.Prof. Dr. Birgit Lodes. Hier zitiert als *Musikleben online* (in Vorbereitung).

rerseits die Kulturtransfers und Umorientierungen, die solche Kontinuität unterbrechen?

Unter der »Region Österreich« versteht unser Projekt, rein geographisch, das Gebiet des heutigen Österreich mit Teilen der angrenzenden Länder. Eine politische oder kulturelle Einheit wird nicht vorausgesetzt. Trotzdem bilden wir uns nicht ein, allein mit dem Begriff der »Region« schon eine gültige Alternative zum heute geläufigen, ethnokulturell und politisch gedachten Begriff einer »Musikgeschichte Österreichs« gefunden zu haben.[2] Vielmehr sind neue *Inhalte* regionaler Musikgeschichte zu definieren, von denen einige hier angesprochen werden.

Eine Innsbrucker Identität?

Angebliche regionale Identitäten in der Musikgeschichte des 15. und 16. Jahrhunderts lassen sich oft hinterfragen. Ein bekanntes Beispiel ist *Innsbruck, ich muss dich lassen*: Den schönen Liedsatz von Henricus Isaac (ca. 1450-1517) umgibt wie ein dicker Zuckerguss eine modernere Assoziation mit Heimat und Heimatgefühl.

Es ist ein Abschiedslied: Die Worte beschreiben das Fortziehen des Liebenden in die Fremde, das ›Ausland‹, spätmittelhochdeutsch ›elend‹. Die Isaac-Rezeption freilich machte daraus ein Bekenntnis der Zugehörigkeit zu dem genannten Ort, ein autobiographisches Zeugnis, und in konsequenter Übertreibung schließlich sogar eine

---

2 Vgl. Rudolf Flotzingers Anwendung des Begriffs »Österreich« in Rudolf Flotzinger/Gernot Gruber (Hg.), *Musikgeschichte Österreichs*, Bd. 1: *Von den Anfängen zum Barock*, Wien ²1995.

nationale Aussage.[3] Dies ließ sich zirkelschließen mit den tatsächlichen Innsbruck-Besuchen des flämischen Meisters, deren erster im Jahre 1484 stattfand. Man hat auch höher gegriffen und den Liedtext gleich Kaiser Maximilian I. zugeschrieben, der 1496 Isaac in Dienst nahm und der oft von und nach Innsbruck gereist ist. So wurde das Lied ein Zeugnis regionaler Identität in der österreichischen Musikgeschichte.

Es ist nicht einfach so, dass das Lied mit Identitäten oder Gefühlen nichts zu tun habe. Das Reisen in die Fremde wird im Lied der Epoche oft artikuliert, etwa bei Oswald von Wolkenstein. Die Melodie, als deren Autor Isaac allerdings nicht ganz feststeht, scheint nostalgische oder melancholische Elemente aufzuweisen, so die weiblichen Zeilenschlüsse mit Halbtonschritt abwärts (»lassen« usw.) und die modische Cambiata-Figur bei »fahr dahin«, die hier wie ein Loslassen oder Wegwerfen klingt. Nur sind gerade solche Elemente eher aus der damaligen italienischen und flämischen Musik bekannt. Der Schweizer Musikhistoriker Martin Staehelin postulierte, das erste Wort der ursprünglichen Weise sei gar nicht »Innsbruck«, sondern »Zurück« gewesen; eine frühe Basler Quelle scheint die Melodie bereits zu enthalten, und der einzige Musiker außer Isaac, dem eine mehrstimmige Bearbeitung zugeschrieben wird, war der Schweizer Cosmas Alder.[4] (Alders Textfassung, so könnte man

3 Verschiedene Aspekte davon wurden analysiert von Walter Salmen, Andrea Lindmayr-Brandl, Kurt Drexel und Monika Fink, in Walter Salmen/Rainer Gstrein (Hg.), *Heinrich Isaac und Paul Hofhaimer im Umfeld von Kaiser Maximilian I.*, Innsbruck 1997, S. 245-291.
4 Martin Staehelin, *Heinrich Isaac und die Frühgeschichte des Liedes Innsbruck, ich muss dich lassen,* in Martin Just/Reinhard Wiesend (Hg.), *Liedstudien: Wolfgang Osthoff zum 60. Geburtstag,* Tutzing 1989, S. 107-119.

einschränken, beginnt allerdings mit dem Wort »Innsbruck«.)

O Österreich!

Die Schweiz hat den Tirolern noch eine andere Ernüchterung beschert. Die Musikhandschrift Bayerische Staatsbibliothek München, Mus. ms. 3154 des Innsbrucker Magisters Nicolaus Leopold (um 1470-1510) enthält einen mehrstimmigen Messzyklus mit dem Titel »O Österreich«. Der Ordinariumszyklus beruht offenbar auf einem mit diesen Worten beginnenden Lied. Forscher haben, auch wegen dieser Technik, einen im Lande weilenden oder durchziehenden niederländischen Komponisten vermutet, wie etwa Johannes Martini oder Henricus Isaac. Nach der regionalen oder politischen Bedeutung der Komposition ist lange erfolglos gesucht worden, bis Thomas Noblitt, der Herausgeber des Leopold-Codex, in der Schweiz fündig wurde.[5] Er entdeckte einen Liedtext, der folgendermaßen lautet:[6]

> Zytt Wäber von Luzern: Das Lied von Granssen. Sings in Pauier wyß. Zürich, ca. 1546.

> O Oesterrych du schlaffst gar lang,
>
> Das dich nit weckt der vogel gesang,
>
> Hast dich der Metty versumet,
>
> Der Burgunner hat sich gantz vermessen,

---

5 Thomas Noblitt, *The Missa* O Österreich: *Observations and Speculations*, in Salmen/Gstrein (Anm. 3), S. 203-216.
6 Noblitt (Anm. 5), S. 214. Die Tonangabe »Pauier wyß« (Pavia-Weise) deutet vielleicht auf eine Melodie im Zusammenhang mit der Schlacht von Pavia (1525).

Er wöl zu Bern und Fryburg küchlen essen,

Der Bär hat im die pfannen vergrumet.

Darnach do zoch der Bär ins feld,

Und Schwytz das crücifix ich meld,

Mit Göttlicher marter frone,

Do schwâbt der stern von Orient,

Der den dry Künig ward gesendt,

Und zündt an den orten schone.

(weitere 28 Strophen)

Der Liedtext bezieht sich also auf die Schlacht von Grandson (Kanton Waadt) am 2. März 1476, in der die Eidgenossenschaft unter Berner Führung die burgundische Armee Herzog Karls des Kühnen besiegte. Der Dichter des Liedes, Zytt Wäber, soll selbst an der Schlacht teilgenommen haben und später an den dabei erlittenen Wunden gestorben sein. Wegen der Anspielung auf diesen Krieg meint Thomas Noblitt, das Lied habe »virtually nothing to do with Austria«.[7] Doch findet er, dass die Messkomposition auch mehrere Kirchenchoräle zitiert, die sich allgemein auf die Kriegsthematik beziehen lassen, und spricht von einer *Missa in tempore belli*. Der Triumph der Eidgenossen wurde in Grandson angeblich ohne die Hilfe Erzherzog Siegmunds von Österreich erzielt, obwohl dieser seit 1474 in der »Ewigen Richtung« mit den Eidgenossen gegen Burgund verbündet war. Dementsprechend beginnt der Liedtext offenbar mit einer Rüge an den säumigen habsburgischen Bundesgenossen, der die Schweizer bei Grandson

---

7 Noblitt (Anm. 5), S. 206.

allein fechten ließ. Der Leopold-Codex, mit der einzigen erhaltenen Niederschrift der Messe, gehörte der Kantorei von St. Jakob in Innsbruck, einer Institution, die Herzog Siegmund wie eine Hofkapelle diente; viel Musik seines Hofes ist hier überliefert.[8] Durfte jemand eine Schweizer Verspottung des Hauses Österreich als Kapellmesse in Innsbruck präsentieren? Doch was Grandson betrifft, kann man die politischen Verhältnisse und den Liedtext auch anders lesen. Entlastend wirkt schon die durch andere Zeugen überlieferte Tatsache, dass habsburgische Kavallerie, zumindest aus den Vorlanden, doch in Grandson siegreich mitkämpfte *(vgl. Abb. 1)*.

Als Aufruf, den Krieg nicht zu verschlafen und sich gegen Feinde zu wehren, wobei Grandson als Beispiel herangezogen wurde, könnte die Missa also tatsächlich gedient haben. Aufgezeichnet wurde sie etwa 1487-1489, als das Haus Österreich auf gleich drei Seiten in äußere Kriege verwickelt war.

Identität, Repräsentation und Regionalität

Kulturwissenschaftlicher Jargon dürstet nach Allgemeinbegriffen wie »Identität« und »Repräsentation«. Gibt es zeitgenössische Belege für Produktion oder Konsumption von *Musik*, nicht nur von Text, zum Zwecke der Identitätsstiftung? Und von welcher Art waren dann diese Identitäten? Das Stichwort »Repräsentation« impliziert die Darstellung und Geltendmachung von sozialen Interessen, Ansprüchen und Wertvorstellungen. Jedoch wissen wir noch kaum, was Repräsentation letztlich mit

---

8 Reinhard Strohm, *The Rise of European Music, 1380-1500*, Cambridge 1993, S. 518-522.

Musik – als Musik – zu tun hatte. Ein Beispielfall wäre die Selbstidentifizierung und Repräsentation klösterlicher Gemeinschaften durch ihre jeweilige Patronatsliturgie. Was hatte die melodische Einkleidung der den Lokalheiligen gewidmeten Texte dabei zu leisten?[9] Krasser ist das Beispiel der Instrumentalensembles im fürstlichen Dienst, deren vielfaches Vorhandensein ebenso unbestritten ist wie unsere fast völlige Unkenntnis, was sie eigentlich spielten, denn das wurde nicht aufgeschrieben. Konnten Herrscher oder Stadtverwaltungen einfach unartikulierten Lärm machen, um auf sich selbst hinzuweisen? Vielleicht taten sie es. Auch in diesem Bild? – *(vgl. Abb. 2)*.

Die bildliche Repräsentation von Herrschaft war durch das Kommunikationssystem der Heraldik gewährleistet: An den Wappen, Standarten, Fahnen konnten alle Leute erkennen, *wer* auf dem Kampfplatz oder Podium stand. Unterschieden sich z.B. die Fanfaren der Trompetenkorps in ähnlich semantisch eindeutiger Weise? Wir haben keine Ahnung. Kognitive Reaktionen auf Musik wurden eingeübt und verordnet, sie konnten sozial und regional differenziert sein. Dabei ging es – gerade bei der Verbindung von Musik mit Text – auch um Sinn und Wirkung medialer Verbindungen.[10] Kognitive Bewälti-

---

9 Spezialisten bezweifeln, dass es eine regionale oder lokale Identifikationsmöglichkeit mit Melodien des lateinischen Chorals gegeben haben könnte; eher zählte die je besondere Zusammenstellung liturgischer Texte. Ich danke Prof. Dr. David Hiley, Universität Regensburg, für freundliche Auskunft.

10 Zur medialen Verbindung Text-Bild vgl. etwa Christina Lutter, *Affektives Lernen im höfischen und monastischen Gebrauch von* exempla, in Christina Lutter (Hg.), *Funktionsräume, Wahrnehmungsräume, Gefühlsräume. Mittelalterliche Lebensformen zwischen Kloster und Hof*, Wien-München 2011, S. 121-143; Meta Niederkorn-Bruck, *Musik in der Liturgie des Klosters (rezipieren und reproduzieren)*, ebda., S. 59-80, mit einer

gung musikalischer Signale funktioniert immer auf Grund von Lernprozessen. Nur eine besonders geschulte Kompetenz erlaubt es, musikalische Signale mit Begriffen, Personen oder gar Regionen zu assoziieren. Und unsere Kompetenz in diesem Bereich ist anders geschult als die damalige.

Gab es regionaltypische Musikpflege? Der Italiener Paolo Santonino, der in den Jahren 1485-1487 mit seinem Bischof die Kirchenprovinz Aquileia bereist, berichtet von den Bewohnern von St. Lorenzen im oberen Kärntner Lesachtal: »Mag das Tal in einer rauen und ganz kalten Gegend liegen, so sind doch die dort geborenen Leute von Natur aus alle Zither- und Harfenspieler« [*citharœdi et lyriste*]. »Das sagen sie selber, und zum Teile habe ich es selbst erfahren.«[11] Der Humanist Galeotto Marzio erzählt von Musikern und *citharœdi*, die am Bankett des Königs Matthias Corvinus Heldenlieder vortragen.[12] Santonino und Marzio sind aber kaum an regionalen Identitäten interessiert, sondern sie vergleichen die musikalische Praxis ihrer eigenen Zeit gerne mit derjenigen des klassischen Altertums, das ihrer Vorstellung nach von Kithara-Virtuosen bevölkert war. Die

---

Bemühung um den normativen Hintergrund medialer Repräsentation durch Musik und Text.

11 »Vallis ipsa licet sit in aspera frigidissimaque regione posita, homines tamen in ea nati, fere omnes sunt a natura chitharedi, et lyriste, ut ipsimet dicunt, et ego ex parte novi.« Giuseppe Vale (Hg.), *Itinerario di Paolo Santonino in Carintia, Stiria e Carniola negli anni 1485-1487: (Codice Vaticano 3795)*, Città del Vaticano 1943 (Studi e testi 103), S. 250; Übers. nach Rudolf Egger, *Santonino in Kärnten: aus seinen Reisetagebüchern 1485-1486*, Klagenfurt 1978, S. 37. »Citharedi« wäre mindestens ebenso gut mit »Lautenspieler« übersetzt.

12 Benedikt Szabolcsi, *Die ungarischen Spielleute des Mittelalters,* in Friedrich Blume (Hg.), *Gedenkschrift für Hermann Abert*, Halle 1928, S. 159-164: 162.

Traditionalität der besuchten Gebiete ermutigt sie, scheinbar uralte Wurzeln zu entdecken: Hierauf, und nicht auf eine bestimmte Lokalität, bezieht sich auch Santoninos Behauptung »von Natur aus« (*a natura*). Das tut freilich dem keinen Abbruch, was Santonino über die konkrete Musikpflege an Orten wie Tristach, Villach, Kötschach oder Krainburg sagt: Von mehrstimmiger Musik und Orgelspiel in der Kirche mit umfangreichen Ensembles von Sängerknaben und ihren Lehrern scheint hier die Rede zu sein.[13] So kannte man es in ganz Europa.

Venezianische Gesandte, die 1492 Tirol durchreisen, beschreiben anschaulich die musikalischen Ständchen von Schülern und Lehrpersonen in den Gasthäusern zu Klausen, Brixen und Sterzing.[14] Santonino entdeckt auf seiner Reise einmal fast dasselbe.[15] Die so genannte »Kurrende« war eine weit verbreitete Praxis, die noch jahrhundertelang lebendig bleiben sollte. Aber als kulturelle Konstante hat sie kein regionalspezifisches Gewicht: Die Gesandten hätten in der Oberlausitz oder an der Mosel wahrscheinlich dasselbe beobachten können.

---

13 Vgl. Egger (Anm. 11), S. 18, 23, 31, 70, 79-80.
14 Hans Joachim Moser, *Paul Hofhaimer: ein Lied- und Orgelmeister des deutschen Humanismus,* Stuttgart-Berlin 1929, S. 13-14 (dort zit. nach Henry Simonsfeld, in *Zeitschrift für Kulturgeschichte* Ser. 4, Bd. 2 (1895), S. 267).
15 Egger (Anm. 11), S. 31.

Musikalische Rezeptionssphären

In Nachschlagewerken wie Grove erfahren wir über den Mönch von Salzburg, der am Hof Erzbischof Pilgrims II. (1365-1396) wirkte, und über Oswald von Wolkenstein (ca. 1377-1445) als Vertreter einer »einheimischen« (*indigenous*) Musik. Diese beiden Dichter seien einerseits die letzten bedeutenden Vertreter des mittelalterlichen einstimmigen Kunstliedes, andererseits Initiatoren einer einheimischen Pflege der Mehrstimmigkeit. Der »growth of indigenous German polyphony«, so heißt es, wurde hinwiederum von importierten französischen Kompositionen beeinflusst.[16] Was war nun »einheimisch« – die Tradition, der neue französische Einfluss oder die danach aufwachsende mehrstimmige Musikpflege? Tatsächlich kennen wir heute etwa zwanzig meist fragmentarische Niederschriften einzelner westeuropäischer Liedkompositionen des 14. und frühesten 15. Jahrhunderts in Handschriften der hier untersuchten Region; hinzu kommen etwa dreißig mehrstimmige Liedbearbeitungen von Oswald von Wolkenstein nach meist fremdsprachigen Vorbildern. Mehrere französische Stücke sowie ein englisches, in der Originalsprache aufgezeichnet, wurden im Rahmen des FWF-Projekts mittelalterlicher Musikquellen in der ÖNB durch Alexander Rausch und Robert Klugseder katalogisiert und von Marc Lewon, Mitarbeiter unseres »Musikleben«-Projekts, rekonstruiert und z.T. musikalisch eingespielt.[17] Der Nachweis,

---

16 Hellmuth Federhofer u.a., Art. *Austria*, in *Grove Music Online*, http://www.oxfordmusiconline.com/public/ (Zugang 21.07.2013).

17 Vgl. [Marc Lewon], *Musikleben-Supplement: News and by-products from the research project* Musical Life of the late Middle Ages in the Austrian

seit wann sich diese Niederschriften in Österreich befanden und ob sie hier verwendet wurden, ist oft schwierig; wir arbeiten daran.

Die fremdsprachigen, weltlichen Originale erscheinen oft in monastischen Handschriften, während die Stücke, in denen irgendeine regionale Bearbeitung nachweisbar ist, in anderen Quellentypen überliefert sind und deutsche oder lateinische Ersatztexte haben. Schon dieser Gegensatz deutet auf soziale Schichtung der Rezeption: In Klöstern kümmerte man sich wenig um die Aufführbarkeit, musste also weder die Melodie anpassen noch den Text ersetzen. Die Sphäre, in der das Musikstück zum Vorsingen hergerichtet wurde, auch in geistlichem Gewand, war eine weltliche und ritterliche, freilich den Klöstern verbundene, wie eben die Sphäre des Mönchs von Salzburg und Oswalds. Der Tiroler Dichter lernte manche Melodie auf seinen Auslandsreisen kennen; die Noten davon konnte er aber oft genug in den geistlichen Schreibstuben seiner Umgebung finden.[18]

Eine dritte Rezeptionssphäre ist heute noch so gut wie unerforscht, obwohl ich schon 1984 einen wichtigen Beleg dafür präsentieren konnte: diejenige der akademischen Bildungseinrichtungen.[19] Westeuropäische und italienische Mehrstimmigkeit der Zeit um 1380-1415 ist

---

Region (1340-1520), http://musikleben.wordpress.com/, posted on 24.10.2012, 31.10.2012, 09.11.2012, 15.02.2013.

18 So etwa bereits Erika Timm, *Die Überlieferung der Lieder Oswalds von Wolkenstein (mit Tabellen und Noten)*, Lübeck-Hamburg 1972 (Germanische Studien 242); schärfer akzentuierend Reinhard Strohm, *Lied und Musik*, in *Jahrbuch der Oswald von Wolkenstein-Gesellschaft* 19 (2012/2013), S. 359-375.

19 Reinhard Strohm, *Native and Foreign Polyphony in Late Medieval Austria*, in *Musica Disciplina* 38 (1984), S. 205-230. Neuerdings auch Michael Scott Cuthbert, *The Nuremberg and Melk Fragments and the International Ars Nova*, in *Studi Musicali*, Nuova serie 1, no. 1 (2010) [d.h. 2011], S. 7-51.

in einem Wiener Codex gesammelt, dessen Fragmente heute in den Bibliotheken von Melk und Nürnberg verteilt liegen. Dieser Codex wurde um 1460 als Einbandmaterial für zwei verschiedene Bände verwendet, deren gemeinsame Herkunft die Bürgerschule zu St. Stephan in Wien war: Einer gehörte dem Astronomen Johannes Regiomontanus, damals in Wien Schüler von Georg von Peuerbach, der andere dem Rektor der Bürgerschule selbst, Jacobus von Fladnitz. Wahrscheinlich wurde der musikalische Inhalt des Codex zwischen etwa 1415 und 1450 von den Chorsängern der Bürgerschule aufgeführt oder zum Studium verwendet: Es sind Motetten, Messensätze und weltliche Stücke französischer und italienischer Herkunft, die letzteren auffallend regelmäßig aus Padua, wo damals dieses gesamte Repertoire vorhanden gewesen sein könnte. Ob in diesem Fall die Kontakte zwischen den Universitäten Padua und Wien musikalisch relevant wurden, sollte genauer erforscht werden. Noch rätselhafter ist, wie ein solches Repertoire, das ohne Vorgänger in der Region gewesen zu sein scheint, von einheimischen Chorschülern und Kaplänen bewältigt werden konnte. Dass es in der süddeutschen Region tatsächlich musiziert wurde, belegen die Rubriken »Sichs an« und »lug auff« bei der aus Nordfrankreich oder Flandern stammenden Motette *Degentis vita* in diesem Codex *(vgl. Abb. 3).*

Anderer Herkunft scheint eine textlose Komposition im Wiener Codex zu sein, der Form nach ein Virelai, die »Bobik blazen« betitelt ist. Entgegen dem Anschein ist das nicht ein Hinweis auf Blasinstrumente, sondern es handelt sich um das tschechische Wort »blázen«, das Spielmann oder Narr bedeutet; »bobik« ist die tschechische Diminutivform des Namens Robert. Wurde dieses kunstvolle dreistimmige Stück von einem böhmischen Spielmann in Wien überliefert?[20]

Radelsingen

Im 15. Jahrhundert waren fröhliche Lieder zum St. Martinsfest weithin beliebt. Der Mönch von Salzburg hinterließ eines davon, *Martein lieber Herre*, das im Kanon, als Singradel (»Ein radel von drein stimmen«), vorgetragen wird.[21] Scheinbar haben wir hier eine »bodenständige« Musikart vor uns, die zudem bis in die jüngste Zeit beliebt geblieben ist. Doch gab es die Gattung der *rota*, des Rades, schon im England des 13. Jahrhunderts, etwa in Gestalt des berühmten *summer canon*. Der Germanist Christoph März identifizierte ein weiteres Lied des Mönchs von Salzburg, *Ju ich jag* (W 31), als dreistimmigen Kanon.[22] Wie März später feststellte, ist die Musik von *Ju ich jag* aus dem

---

20 Böhmische Spielleute, neben zahllosen anderen fremden Musikern, wurden in Wien gehört und bezahlt, so z.B. beim festlichen Einzug von Ladislaus Postumus (»Kunig Lassla«) im Jahre 1455: »hern Gircziken trom[met]t[er]n und lautensla[her]n 4 tlr.« ist als Ausgabe der Stadt verzeichnet in der Kammeramtsrechnung von 1455 des Stadt- und Landesarchivs Wien, 1. Reihe, Bd. 13, fol. 49r. Es handelt sich um Musiker von Georg Podiebrad, dem Landesverweser und späteren König von Böhmen; auf fol. 49v wird auch »hern Gir
cziken von Bodebrad narrn« ein Trinkgeld gereicht. Vgl. auch Adelbert Schusser (Hg.), *Musik im mittelalterlichen Wien*, Ausstellungskatalog, Wien 1986, Nr. 125, Abb. S. 143, wo »Gircziken« unidentifiziert bleibt.

21 Erhalten in Cod. 4696 der ÖNB (»Lambacher Liederhandschrift«), fol. 170v. Franz Viktor Spechtler, Art. *Monk of Salzburg*, in *Grove Music Online*, http://www.oxfordmusiconline.com/public/ (Zugang 21.07.2013), bezeichnet das Martinsradel als »the earliest surviving canon *a 3* in German«.

22 Christoph März (Hg.), *Die weltlichen Lieder des Mönchs von Salzburg. Texte und Melodien*, Tübingen 1999; das Lied ist verzeichnet als W 31.

Bereich der französischen und italienischen Kanongattungen *chace* bzw. *caccia* entlehnt.[23] Nun ist *Ju ich jag* ein Liebeslied, eine Jagdallegorie, während die Vorlage, die französische *chace Umblement vos pris merchi* (vor ca. 1370), im Text nirgends auf diese Thematik anspielt: Sie ist eher eine *chanson rustique* aus dem Umkreis der *Robin et Marion*-Dichtungen. Der Mönch wusste offenbar trotzdem, dass *Umblement* als musikalische Gattung etwas mit »Jagen« zu tun hatte. Die Musik dieses Stücks fällt durch den langen Einsatzabstand der Stimmen (15 Brevistakte) auf und ist mit ihrem einheitlichen D-Modus dem Martinsradel sehr vergleichbar. Es liegt nahe, dass im Schaffen des Mönchs *Ju ich jag* dem Martinsradel vorausging; das älteste überlieferte Singradel in deutscher Sprache wäre somit eine Kontrafaktur nach französischer Vorlage.

Aufregend ist eine von März beschriebene neue Quelle von *Ju ich jag*: zwei Pergamentfragmente aus einer Michaelbeuerner Handschrift (A-MB, Man. cart. 10), die zur Aufzeichnung des Liedes in einer Art von »Partitur« dienten, sind herausgeschnittene Teile einer Tora-Rolle *(vgl. Abb. 4)*.

Ju ich jag wurde hier isoliert, nicht im Zusammenhang der Mönch-Überlieferung, auf die Rückseite des Tora-Fragments geschrieben, um es in dieser spezifisch musikalischen Anordnung unterzubringen, für die das fast quadratisch zugeschnittene Format der Rollenfragmente besonders geeignet war *(vgl. Abb. 4)*. Der Schreiber hat vertikale Linien wie Taktstriche durch die gesamte Höhe der Partitur gezogen: eine Aufzeichnungsart instrumentaler Herkunft, die in fragmentarischen Musikaufzeichnun-

---

23 März (Anm. 22), Korrekturnachtrag am Ende des Bandes.

gen von Cod. 5094 der ÖNB[24] mehrmals bei Vokalmu-
sik wiederkehrt. Man könnte weiter fragen, wie dieser
Wiener Musiker an das jüdische Gut gekommen war.
Auch mehrere Handschriften der ÖNB enthalten solche
Tora-Fragmente, die während der Wiener Judenverfol-
gung von 1420-1421 geraubt worden sein dürften.[25]

Dieses Radel des Mönchs ist heute noch wenig bekannt. Ein anderes und jüngeres, das in Österreich ebenfalls verbreitet war, stammte von einem polnischen Musiker: Es ist der lateinische Kanon *Presulem ephebeatum* des
hochexzentrischen Magisters Petrus Wilhelmi aus Grau-
denz/Grudziądz (ca. 1400-1460), dessen Werke vor allem in Böhmen zirkuliert zu haben scheinen. Ton, Inhalt
und Textdeklamation von *Presulem* sind vor allem dem
Martinsradel vergleichbar: Auch dieser Kanon feiert den
Hl. Martin, der hier nicht als Spender von kühlem Wein,
sondern nur von gebratenen Gänsen erscheint.

Die drei Leisen

Die drei bekanntesten mittelalterlichen Kirchenlieder in
deutscher Sprache dürfen als eine regionale Konstante
gelten. Zwar gilt das auch für viele lateinische Cantionen,
die die Schulknaben zu Hochfesten vortrugen und die

---

24 Vgl. unten S. 22.
25 Vgl. März (Anm. 22), S. 105-106. Zum dort genannten Cod. 4494
    der ÖNB vgl. Reinhard Strohm, *Das Orationale Kaiser Friedrichs III.
    und das europäische geistliche Lied*, in Birgit Lodes (Hg.), *Wiener Quellen
    der älteren Musikgeschichte zum Sprechen gebracht: Eine Ringvorlesung*, Tut-
    zing 2007 (Wiener Forum für ältere Musikgeschichte 1), S. 229-256.
    Der innere Rückendeckel der Handschrift enthält den autographen
    Eintrag Kaiser Friedrichs III. »iudenstewr ist gefallen« (nicht »iuden-
    stern«, wie März und andere lasen). Auch die Judensteuer war eine
    Art Raub.

allmählich auch verdeutscht wurden (der Mönch soll die Cantio *Resonet in laudibus* zu *Joseph lieber Nefe mein* umgedichtet haben), doch am Singen der Leisen hat sich womöglich schon seit alters her das gesamte Kirchenvolk beteiligt. Die Gattungsbezeichnung *Leise* weist darauf hin, dass der Liedstrophe ein litaneiartiges Responsum *Kyrieleis* folgt. Das Osterlied *Christ ist erstanden* entstand im 12. Jahrhundert in Salzburg oder Passau; das Pilgerlied *In Gottes Namen fahren wir* wird zum ersten Mal 1210 bei Gottfried von Straßburg zitiert; *Nu bitten wir den heiligen Geist* wurde im späten 13. Jahrhundert in einer dem berühmten Berthold von Regensburg zugeschriebenen Predigt empfohlen.[26] Keine der drei Leisen war außerhalb des deutschen Sprachraums verbreitet. In der Region Österreich gibt es im 15. Jahrhundert viele Aufzeichnungen und mehrstimmige Bearbeitungen, von *Christ ist erstanden* mindestens zwei Dutzend; eine der Vertonungen stammt von Johannes Brassart, dem Lütticher Kapellmeister Friedrichs III. In dem fragmentarisch erhaltenen Musikbuch eines vermutlich Salzburger Kantors, das ich um 1460-1470 datiere, steht eine andere dreistimmige Fassung dieses Liedes, mit der Melodie ungewöhnlicherweise im Tenor (Unterstimme) – *(vgl. Abb. 5).*

Cantus firmus-Paraphrasen im Tenor waren selten; sie wurden besonders kultiviert in England, z.B. in Werken von John Dunstaple und John Benet. In der Salzburger Handschrift steht am Ende der rubrizierten Überschrift das Wort »pijamoij«, das die Herausgeber der Edition

---

26 Klangbeispiel: Stefan Engels mit Salzburger Virgilschola, in *Musikleben online* (in Vorbereitung).

Das Deutsche Kirchenlied nicht zu erklären vermochten.[27] Vielleicht ist es der Name des englischen Komponisten John Pyamour, der unter König Heinrich V. Master of the Children der Chapel Royal war (1416-1420). Von ihm ist ein einziges Werk bekannt, eine schöne Vertonung der Antiphon *Quam pulcra es*. Sie wurde um 1440 im Trienter Codex 92 von Johannes Lupi aufgezeichnet, der damals bei Friedrich III. in Graz gedient haben dürfte.[28] Wegen der regionalspezifischen Verbreitung des *Crist ist erstanden* gibt die Annahme eines englischen Komponisten jedoch Rätsel auf.

Nu bitten wir den heiligen Geist wurde seltener mehrstimmig bearbeitet. Ein Musiker hat es versucht, der andere Vorstellungen vom Kontrapunkt hatte als John Pyamour. Das Stück wurde um 1440 in Wien im so genannten St. Emmeram-Codex aufgezeichnet *(vgl. Abb. 6)*: Hier trägt die Unterstimme ebenfalls die Melodie, aber nicht ornamentiert, sondern in notengetreuer Nachzeichnung der einstimmigen Weise; die anderen Stimmen sind nicht so sehr im Kontrapunkt dagegen gesetzt als mit ostinatoartigen Motiven in Quint- und Oktavparallelen darübergelegt. Die Ostinato-Technik mit der fast unbeweglichen Harmonie und die tonrepetierenden kurzen Noten, die oft syllabisch deklamiert sind, kommen auch in der Originalweise vor und dazu in anderen Liedern der Zeit, nicht zuletzt in *Martein lieber Herre* und *Ju ich jag*. Wahrscheinlich besteht ein Zusammenhang mit den so genannten »böhmischen« Motetten der Zeit, in

---

27 Max Lütolf u.a. (Hg.), *Geistliche Gesänge des deutschen Mittelalters. Melodien und Texte handschriftlicher Überlieferung bis um 1530*, 6 Bde., Kassel 2003-2010 (Das deutsche Kirchenlied, Abt. II), Bd. 1 (Edition A-D), 2003, S. 97-98, Nr. 77; Bd. 6 (Kommentar A-D), 2004, S. 50-51.
28 *I-TRbc Ms. 1379* (=Tr 92), Nr. 1526, fol. 172v-173r.

denen solche Techniken geläufig waren.[29] Man mag das »Einfluss« oder auch »Stilgemeinschaft« nennen.

Lernprozesse um 1440

Satztechnische, notationstechnische und gesangstechnische Aufgaben, denen sich Wiener Musiker um 1440 stellten, sind dokumentiert in den Musikfaszikeln des Cod. 5094 der ÖNB (A-Wn 5094). Hier und im St. Emmeram-Codex, der von Magister Hermann Poetzlinger um dieselbe Zeit im Umfeld der Universität und Bürgerschule angefertigt wurde (D-Mbs Clm 14274), gibt es so etwas wie Werkstattarbeiten: verschiedene Aufzeichnungen oder Bearbeitungen immer wieder derselben Melodievorlagen. Die einfache Melodie des Hymnus *Ave maris stella* erscheint in dieser Funktion in beiden Handschriften, je drei Mal. In Cod. 5094 wird ein einfacher dreistimmiger Satz des Hymnus für instrumentale oder didaktische Zwecke umnotiert – nämlich durch Anwendung von Strichnotation (lange Noten sind in gleiche kurze Einzelnoten aufgespalten) und Buchstabennotation (Tonhöhen sind durch Buchstaben ersetzt).[30] Die beiden Sammlungen haben einen Schreiber gemeinsam, den Peter Wright identifiziert hat: den Organisten Wolfgang Chranekker aus St. Wolfgang am Abersee.[31] Viel-

---

29 Vgl. Jaromír Černý, *Die mehrtextige Motette des 14. und 15. Jahrhunderts in Böhmen*, in Rudolf Pečman (Hg.), *Colloquium Musica Bohemica et Europea*, Bd. 5, Brno 1972, S. 71-88.

30 Vgl. Heinz Ristory, *Notationstechnische Modifikationen von Vokalvorlagen im Codex Vind. 5094 der Österreichischen Nationalbibliothek (Wien)*, in *Musica Disciplina* 39 (1985), S. 53-86.

31 Vgl. Ian Rumbold/Peter Wright, *Hermann Pötzlinger's Music Book: The St Emmeram Codex and its Contexts*, Woodbridge 2009, S. 98-106, be-

leicht war die Praxis, dass Organisten mehrstimmige Vokalmusik transkribierten und an Standardbeispielen Komposition einübten, typisch für die Region.

Was die ortsansässigen Musiker vom Ausland lernen konnten, lässt sich auf keine einfache Formel bringen. Es gab einen mehrfachen musikalischen Kulturtransfer – von außen nach innen und innen herum. Wien war um 1440 eine facettenreiche Musikstadt, deren Rezeptionssphären gleichsam durcheinandergeraten waren. Hier musizierte man Lieder des Mönchs oder Neidharts, dort einstimmige Leisen und Cantionen; hier italienische Motetten, dort wiederum böhmische; hier französische Chansons, dort kontrapunktische Messensätze. In einigen Kirchen und Klöstern rezipierte man das ausländische Prinzip des mensuralen Rhythmus in der Weise, dass man Hymnen und einstimmige Ordinariumsgesänge wie Credo und Gloria strikt rhythmisch vortrug. Diese *cantus fractus* genannte Technik gab es auch in Bayern, Böhmen, Oberitalien und auf den Balearen.[32] Die Hofkapelle Friedrichs III. hingegen praktizierte daneben die modernste Musik des französischen und englischen *fauxbourdon*, der auf extemporierten Techniken des 14. Jahrhunderts beruhte und inzwischen zum Inbegriff gesanglicher Eleganz und harmonischer Süßigkeit geworden war. Fast sofort waren solche Stücke auch in Poetzlingers Codex zu finden, und der damalige Stephanskantor Hermann Edlerawer ahmte sie in eigenen

---

sonders S. 102 mit Verweis auf Tom R. Ward, *A Central European Repertory in Munich, Bayerische Staatsbibliothek, Clm 14274*, in *Early Music History* 1 (1981), S. 325-343: 340.

32 Vgl. Marco Gozzi/Francesco Luisi (Hg.), *Il canto fratto: l'altro gregoriano. Atti del Convegno Internazionale di Studi, Parma-Arezzo, 3-6 dicembre 2003*, Rom 2005.

Kompositionen nach. Ein *Agnus dei* in dieser Technik stammt von dem Franzosen oder Flamen Liebert, von dem im Grunde heute nur bekannt ist, dass er damals in Österreich und Basel bekannt war.[33]

Repertoirebildung

Etwa die Hälfte der heute erhaltenen Quellen mehrstimmiger Musik des 15. Jahrhunderts stammt aus der Region Österreich und aus Oberitalien. Seit etwa 1480 erscheinen umfangreiche Bestände auch in Böhmen, Polen, Schlesien und Sachsen. Irgendwelcher Nationalstolz ist nicht am Platze, schon wegen der Streuung über verschiedene aneinander angrenzende Länder. Auch bei Berücksichtigung enormer Quellenverluste besonders in Westeuropa bleibt das Phänomen auffallend. Im Unterschied zu taxonomischen Fragen geht es heute darum zu erklären, was das massenhafte Aufzeichnen von z.T. neuester Musik kulturell und für die beteiligten Menschen bedeutete. Es handelt sich um einen Schub musikalischer Repertoirebildung.

Anscheinend haben Institutionen und Individuen in Zentraleuropa wie besessen an der Erstellung und Erweiterung von Repertoires, besonders der liturgischen Polyphonie, gearbeitet. Diese Repertoires sind nicht in zahllosen kleinen Fragmenten, sondern in oft sehr umfangreichen einzelnen Papiercodices überliefert. Die bekannteste Sammlung ist die der sieben »Trienter Codi-

---

33 Klangbeispiel: Ensemble Stimmwerck, *The St Emmeram Codex*, AE10023 (2008), Nr. 3.

ces« aus den Jahren ca. 1440-1480.[34] Öfters gab es eine Art Kettenreaktion: Wer Zugang zu einer großen Musiksammlung hatte, bemühte sich gleich, eine mindestens ebenso große selbst herzustellen. Der aus München stammende Kleriker Johannes Wiser kopiert nach seiner Ankunft als Succentor an der Trienter Domschule (1455) gleich einen dort vorhandenen Codex (Trient 93) komplett mit Hunderten von Kompositionen, wohl um sich für einen erhofften Amtsantritt als Schulmeister anderswo zu qualifizieren.[35] Repertoirebilden ist nicht ein bloßes allmähliches Sammeln des jeweils Erreichbaren, aber auch nicht ein bloßes Konservieren des Erworbenen. Es geht darum, sich rasch und umfassend für zukünftigen Gebrauch auszustatten, dient also einer Zukunftsvision des eigenen Tuns. Im traditionellen kirchlichen Ritus benötigt jede Sängerschola nur je einen Introitus für den Ostersonntag, einen für den Pfingstsonntag usw., der jedes Jahr wiederholt wird. Im Trienter Codex 93, den Wiser kopierte, stehen sieben bzw. fünf mehrstimmige Vertonungen von jedem dieser Introiten. Man hat sich auf Jahre lebendiger Praxis vorbereitet.[36]

---

34 Einführend: Reinhard Strohm, *Trienter Codices*, in Ludwig Finscher (Hg.), *Die Musik in Geschichte und Gegenwart*, 2. Ausgabe, Sachteil, Kassel 1999, Bd. 9, Sp. 801-812.

35 Das Verhältnis von Vorlage (Trient 93) und Abschrift (Trient 90) wurde von Margaret Bent nachgewiesen. Meiner These der Entstehung von Codex Trient 90 in Trient selbst (Anm. 34) widerspricht Peter Wright mit dem Argument, dass die in Codex 93 und von Wiser selbst benutzten (italienischen) Papiere häufig in bayerischen Handschriften zu finden sind und Wiser aus München stammte. Vgl. Peter Wright, *Watermarks and musicology: the genesis of Johannes Wiser's collection*, in *Early Music History* 22 (2003), S. 247-332.

36 Vgl. Reinhard Strohm, *Ritual-Repertoire-Geschichte. Identität und Zeitbewusstsein*, in Björn Tammen/Alexander Rausch (Hg.), *Prozesse und Praktiken der Aneignung musikalischer Repertoires in Zentraleuropa, ca. 1420-1540*, Wien 2013, im Druck.

Die Quellen, um die es hier geht, sind überwiegend zum Gebrauch bestimmt, nicht zur Repräsentation; sie sind eher kirchlich, universitär, städtisch als höfisch; sie überliefern auffallenderweise mehr westeuropäische Musik als einheimische. Die Musikwissenschaft hat die zentraleuropäischen Quellen für westeuropäische Musik lang als peripher behandelt. Inzwischen gibt es zumindest ein Staunen darüber, wie einzelne Musiker in Trient, Innsbruck, Wien, Prag, Kraków und Leipzig Hunderte von nicht-autochthonen Musikstücken kopieren konnten, mit Fehlern, ohne gesellschaftlichen oder liturgischen Zwang, ja oft wohl ohne ein den Ansprüchen gewachsenes Musikerensemble.

Eigene Lieder in moderner Mehrstimmigkeit

Den Grundstock dieser kirchlichen Repertoires bildeten im 15. Jahrhundert mehrstimmige Vertonungen von Melodien des traditionellen Kirchenchorals (*cantus firmus*-Bearbeitungen). Seit es in der Region neue Vertonungen von Leisen, also traditioneller volkssprachlicher Lieder, gegeben hatte, muss auch der Wunsch entstanden sein, eigene *neugeschaffene* Lieder mehrstimmig zu bearbeiten. Was muss das für einen Bewusstseinssprung bedeutet haben: Man war nicht mehr damit zufrieden, die Lieder einfach zu singen, man wollte sie in reicher Harmonie nach der modernen Art der mensuralen, kontrapunktischen Polyphonie hören. Vielleicht auch mit originellen Verzierungen von vielen Stimmen oder Instrumenten wie Fiedeln, Orgeln, Blasinstrumenten – jedenfalls immer wieder neu und anders, so als wären sie ein erhabener *cantus firmus* aus einem Kirchenchoral. Hier beginnt die musikalische Reflexion der eigenen volkssprachlichen Singtradition, ein Kulturtransfer vom Selbstverständlichen und Naiven zum Reflektierten und Sentimentalischen. Zunächst erklangen die mehrstimmigen Leisen und Cantionen in demselben (kirchlichen) Zusammenhang wie vorher die einstimmigen, z.B. durch Schulknaben an hohen Festen und bei öffentlichen Umzügen. Jedoch wanderten mehrstimmige Liedsätze auch weltlichen Inhalts bald in die fürstliche und häusliche Musikpflege ein. Komponisten wie Isaac, Hofhaimer und Senfl lieferten viele Dutzend mehrstimmige »Tenorlieder«, wie man sie heute nennt. Unter »Tenorlied« versteht man die mehrstimmige Ausarbeitung einer traditionellen einstimmigen Weise, während das ohne Vorlage komponierte mehrstimmige Lied, wie die französischen Chansons und italienischen Ballaten, eine andere Geschichte hat. Der große Erfinder einstimmiger Lieder, Oswald von Wolkenstein, hat mehrstimmige Sätze fast nur über Vorlagen gebaut.[37] Dass ein anderer Musiker nach ihm eines seiner Lieder mehrstimmig vertonte, ist anscheinend nur einmal zu belegen. Wir kennen Oswalds Lied *Heya, heya, nun wie si grollen* in der Tat nur deswegen, weil es später mehrstimmig bearbeitet wurde. Die Zuschreibung der Liedvorlage an Oswald wage ich wegen des Textinhalts, der sich deutlichst auf Oswalds Brixner Fehde mit den Rittner Bauern um 1444 bezieht, die in dem Lied verhöhnt werden. Wegen dieser späten Entstehung ist das Lied nicht mehr in die großen Autor-

---

37 Sein bekanntes *Wach auff mein Hort* ist vielleicht eine Bearbeitung einer nicht von ihm stammenden Melodie, die allerdings vor ihm bisher nicht nachzuweisen ist.

sammlungen gelangt und heute noch fast unbeachtet.[38] Der Text der einzigen erhaltenen Strophe lautet (nach Trient 89):

> Heya, heya, nu wie si grollen,
>
> dort auf dem riten dye geschwollen,
>
> wie lang sol wir den spot verdollen,
>
> ir ritter und guet knechte?

Die vierstimmige Vertonung ist heute in drei Quellen bekannt: im Trienter Codex 89 (um 1465), dann verblüffenderweise in einem luxuriösen Florentiner Chansonnier (I-Fn B.R. 229), der um 1480 entstand und viele Werke von Isaac und Johannes Martini enthält, und schließlich in den Linzer Fragmenten (A-LIs 529), einer Musiksammlung, die auf die Hofkapelle Maximilians I. um 1490-1492 in Innsbruck und Linz zurückgeht. Wie das Original dürfte die Bearbeitung aus dem Tiroler Raum stammen und ist deshalb vielleicht dem Hofkantor des Innsbrucker Hofes, Nicolaus Krombsdorfer, zuzuschreiben, der 1463 nach längerer Dienstzeit am Hof von Ferrara nach Innsbruck gekommen war und es dort schließlich zum Pfarrer von St. Jakob brachte. Das exquisite Stück ist vierstimmig imitierend wie ein Tenorlied oder gar eine Choralbearbeitung der frühen Renaissance *(vgl. Abb. 7)*.[39]

Dieses Beispiel der modernen Vertonung eigener Lieder ließe sich vielfach multiplizieren. Sogar die geistliche Mehrstimmigkeit der Region Österreich ist im späteren

---

38 Reinhard Strohm, *Die vierstimmige Bearbeitung (um 1465) eines unbekannten Liedes von Oswald von Wolkenstein*, in *Jahrbuch der Oswald von Wolkenstein-Gesellschaft* 4 (1986/1987), S. 163-174.

39 Klangbeispiel: Marc Lewon mit Ensemble Leones, in *Musikleben online* (in Vorbereitung).

15. Jahrhundert mit einheimischen deutschsprachigen Liedern durchsetzt, sei es als *cantus firmi*, als Zitate oder als Grundlagen ornamentierender Paraphrasen. Messzyklen über deutsche Lieder sind häufig – hier beginnt die Renaissancetradition der *Missa carminum*, einer Messe über viele Lieder. Die Gattung ist bekannt bei Jacob Obrecht und bei Isaac, der vielleicht zwischen den Regionen Flandern und Österreich vermittelte. Auch *Salve regina*-Vertonungen über mehrere weltliche Lieder gibt es in Trienter und Innsbrucker Quellen, bevor sie in den Niederlanden auftauchen. Ein »Ar. Fer.« schrieb wohl für den Innsbrucker Hof ein *Salve regina* über folgende »Themen«: *Le serviteur, Zu iagen, Gene pris amour, Glück walt der reyß, Wunschlich schon* und *Weß ich mich leyd.*

Warum solche Zitate? Auch im Gottesdienst umgab man sich mit der eigenen musikalischen Privatsphäre wie mit einer akustischen Tapete – es war doch eine Form von Identitätsbildung.

Fremde Lieder in eigener Mehrstimmigkeit

Was die inspirierte Wahl von Melodievorlagen betrifft, so hat Henricus Isaac wohl den Vogel abgeschossen mit seiner Motette oder Instrumentalkanzone über *La la hö hö*.[40] Wie der Name schon sagt, hat dieser *cantus firmus* überhaupt nichts zu bedeuten, schon gar nicht etwas Regionales. Oder steckt doch eine Bedeutung dahinter?

Das Stück ist eine jener Ostinatokompositionen, in denen größtmögliche Vielfalt mit dem allergeringsten Vorlagematerial demonstriert wird. Eine noch bekannte-

---

40 Heinrich Isaac, *Weltliche Werke*, hg. von Johannes Wolf, in *Denkmäler der Tonkunst in Österreich*, Jg. XIV/1 (Bd. 28), Wien 1907, S. 84.

re Motette Isaacs, *La mi la sol la sol la mi*, entfaltet eine reiche Klangpalette über dem grundeinfachen *cantus firmus*-Motiv *a-e-a-g, a-g-a-e*. *La la hö hö* übertrumpft das: Dieses Grundmotiv hat überhaupt nur zwei Tonhöhen, dafür allerdings eine energische syllabische Deklamation, deren Tonrepetitionen ein wenig an den klappernden Vortrag der Singradel und böhmischen Motetten erinnern. In welche Kultursphäre sollen wir diesmal unseren Blick richten?

Martin Staehelin bietet wieder die Lösung; er tat sich mit dem Ethnologen Eckhard Neubauer zusammen, der belegen konnte, dass »La la hö hö« textlich wie musikalisch eine Verballhornung eines islamischen Derwisch-Rufes war: »Allah ist groß, es ist kein Gott außer Allah«, <Lah ilah ha Ilah lla>. Und nach Staehelin gab es Kontakte mit ottomanischer Kultur in Maximilians Kultursphäre gerade auch in den Jahren um 1500; es ist an einen Gesandtschaftsbesuch zu denken, in dessen Gefolge Derwische auftraten.[41] Isaacs Kulturtransfer lässt die religiöse Bedeutung des Materials unberücksichtigt und vereinseitigt vielmehr die sinnliche Erscheinung, für die er ein gutes Ohr hatte. Seine Bearbeitung folgt jedoch der beliebten Praxis des kunstvollen Ausgestaltens einfacher Solmisationsmotive.

Isaac war kein Geistlicher, er war verheiratet, er war ein Intellektueller ohne Magistergrad: Vielleicht war er jüdischer Abstammung. Er stammte aus Flandern oder Brabant, könnte aber schon 1477 mit dem Hofe Maximilians I. in Berührung gekommen sein; 1484 taucht er

---

41 Martin Staehelin/Eckhard Neubauer, *Türkische Derwischmusik bei Heinrich Isaac,* in Frank Heidlberger u.a. (Hg.), *Von Isaac bis Bach: Studien zur älteren deutschen Musikgeschichte. Festschrift Martin Just zum 60. Geburtstag,* Kassel usw. 1991, S. 27-39.

dann in Innsbrucker Hofrechnungen als Besucher und
»Komponist« auf. Schon aus den 1480er Jahren stammt
seine Motette *Argentum et aurum*, die mehrfach in Quellen
des deutschsprachigen Raums vorkommt, aber nie in
ausländischen. Der Text ist eine verbreitete Offiziumsan-
tiphon zur Matutin (manchmal auch Laudes oder Ves-
per) am Fest Petri et Pauli, auch verwendet zum Fest
Cathedra Petri. Im monastischen Ritus erscheint sie in-
nerhalb der 1. Nokturn, die die Geschichte der Heilung
des Lahmen durch Petrus (Apostelgeschichte 3.6) in
sukzessiven Antiphonen erzählt.

> *Argentum et aurum non est mihi; quod autem habeo, hoc tibi do.*
>
> (Silber und Gold besitze ich nicht; doch was ich habe,
>
> das gebe ich dir.)

Isaacs Komposition *(vgl. Abb. 8)*, die die Choralmelodie
dreimal in gleichlangen Notenwerten in verschiedenen
Stimmen durchführt, findet sich u.a. im Innsbrucker
Leopold-Codex (D-Mbs, Mus. Hs. 3154; Niederschrift
um 1490-1495) und in den Linzer Fragmenten (A-LIs
529, um 1492-1493).[42] Im Leopold-Codex ist eine
Texterweiterung *Petrus quidem* usw. unterlegt; die Worte
stammen aus einer anderen Antiphon des Festes, ge-
wöhnlich in der 2. Nokturn, *Petrus autem servabatur in
carcere*. Ich schlage vor, dass dieser Erweiterungstext nicht
von Isaac intendiert wurde. Erstens ist die zugehörige
Choralmelodie nicht verwendet, und die zusätzlichen
Worte geraten mit den Wiederholungen der Hauptmelo-
die in Konflikt; zweitens ist der Zusatztext ein Unicum

---

42 Zu dieser und anderen frühen Kompositionen Isaacs vgl. Reinhard
   Strohm, *Heinrich Isaac und die Musik in Deutschland vor 1492*, in Sal-
   men/Gstrein (Anm. 3), S. 1-41.

in der Quelle; drittens haben wir gar keine liturgische Komposition vor uns.

Die folgende Information verdanke ich einer Studie von Klaus-Jürgen Sachs.[43] Der Musiktheoretiker und Komponist Adam von Fulda zitiert die Worte *Argentum et aurum* usw. in seinem Traktat *Musica*, beendet am 5. November 1490, im Widmungstext an den Humanisten Joachim Lüntaler, der im Dienst des Bischofs von Passau stand. Man versteht durch den Kontext der Widmung: Der arme Autor kann dem reichen Mäzen nur durch seine geistige Produktion danken. Adam war bis 1490 im Benediktinerkloster Vornbach bei Passau tätig.

Isaac selbst hat die Worte *Argentum et aurum … hoc tibi do* noch einmal vertont, nämlich als zweiten Teil einer Dankmotette an Papst Leo X., *Quid retribuam tibi, o Leo?* (ca. 1514). Auch diese Anwendung der Worte ist eine typisch humanistische Huldigungs- und Dankgeste an einen Mäzen.[44] Isaac schrieb auch einen Messzyklus *Argentum et aurum* auf denselben *cantus firmus* (vor 1510), der sonst musikalisch mit der Motette nichts zu tun hat. Eine textlose Motette im Leipziger Apel-Codex (D-LEu, Nr. 106), um 1500, hat einen sehr ähnlichen *cantus firmus* und verwendet dieselbe Technik des Zitierens der Melo-

---

43 Klaus-Jürgen Sachs, »*…nec in processu cum antiquis concordaverim*«. *Zur Musiktheorie des 15. Jahrhunderts in Deutschland*, in *Die Musikforschung* 62/3 (2009), S. 213-226: 216.

44 Den Zweck einer »Geschenkmotette« hatte offenbar auch eine Vertonung desselben Textes von Nicolle de Hesdin, und jedenfalls deren ornamentale Verwendung als Aufdruck eines Einbanddeckels: Vgl. Birgit Lodes, *Sigmund Salmingers* Selectissimae cantiones *(Augsburg 1540) als musikalischer Geschenkdruck für Königin Maria von Ungarn*, in *Gutenberg-Jahrbuch* 83 (2008), S. 93-106. Ich bin Birgit Lodes für ihren Hinweis auf dieses weitere Beispiel sehr dankbar.

die in gleichlangen Notenwerten. Sie stammt von Adam von Fulda.

Da Isaacs Motette schon vor 1490 entstanden sein dürfte, müsste der hier bedankte Mäzen in Innsbruck zu suchen sein, etwa am Hofe Siegmunds des Münzreichen oder bei der Familie Tänzl, die durch die Silberbergwerke Nordtirols damals schwerreich geworden war und auch Maximilian I. mit finanzierte. Wie dem auch sei, das Stück selbst ist nicht geistlich, sondern fürstliche Kammermusik und intellektuelles Spiel mit einer religiösen Vorlage, die mit ihrem wunderschönen Melos des 7. Tons ins Ohr fällt.[45]

Schlussfolgerungen

Es geht nach meinem Dafürhalten in der Musik dieser Zeit und Region nicht um die Schaffung, Bestätigung oder Repräsentation regionaler oder gar nationaler Identitäten. Es geht vielmehr, durch manche Verwirrungen, Unterbrechungen und Kulturtransfers hindurch, um das Überleben und Entwickeln von musikalischer Praxis, die sich auf alles einlässt, was sie weiterbringt. Trotz der verschiedenartigen sozialen Einbindungen dieser Musikpraxis stellt sie noch keine regionale, politische oder kulturelle Identität her. Ihre Regionalität ist nirgends recht abgrenzbar: Wir beobachten das Zusammenwirken von Einflüssen französischer, englischer, niederländischer, italienischer, böhmischer, bayerischer, polnischer, sächsischer Musik. Von je weiter her die Musik kommt, desto fremdartiger tritt sie eben in Erscheinung; aber alles be-

---

45 Klangbeispiel: Marc Lewon mit Ensemble Leones, in *Musikleben online* (in Vorbereitung).

rührt einander. Anderswo ist auch Region; die Mitte Europas ist dehnbar. Dass sie die Mitte ist, gibt ihr freilich Gelegenheit, Anregungen aus allen Himmelsrichtungen aufzunehmen.

Allerdings: Reflexion des Eigenen im Fremden und des Fremden im Eigenen werden dabei immer mehr übliches und letztlich vielleicht auch nostalgisches Spiel. Immerhin hat Isaac sogar eine Messvertonung über das Singradel *Presulem ephebeatum* des Petrus Wilhelmi von Grudziądz komponiert; vielleicht kam ihm dieses Segment der Tradition, das er womöglich für österreichisch hielt, ähnlich exotisch vor wie die Derwischrufe. Jedenfalls wusste er, dass es aus der Vergangenheit stammte.

Wesentlicher als die spatialen Verhältnisse scheinen mir also die temporalen zu sein. Die Transfer- und Lernprozesse der ersten Hälfte des Jahrhunderts führten offensichtlich zu einer neuartigen musikalischen Mentalität, die einerseits Riesenrepertoires schuf, um die Zukunft vorzubereiten, das Musikleben mitzuleben, die andererseits auf oft vermeintlich Eigenes zurückzublicken lernte wie in einen dunklen Spiegel. Und hier konnten sich Ort und Zeit der Musik symbolisch berühren. Die Mentalität der *cantus firmus*-Komposition und des Tenorliedes machte aus der Vergangenheit etwas Eigenes, ja etwas »Heimatliches«.

Literaturverzeichnis

Alexander Buchner, *Musikinstrumente von den Anfängen bis zur Gegenwart*, Hanau 1972.

Jaromír Černý, *Die mehrtextige Motette des 14. und 15. Jahrhunderts in Böhmen*, in Rudolf Pečman (Hg.), *Colloquium Musica Bohemica et Europea*, Bd. 5, Brno 1972, S. 71-88.

Michael Scott Cuthbert, *The Nuremberg and Melk Fragments and the International Ars Nova*, in *Studi Musicali*, Nuova serie 1, no. 1 (2010) [d.h. 2011], S. 7-51.

Rudolf Egger, *Santonino in Kärnten: aus seinen Reisetagebüchern 1485-1486*, Klagenfurt 1978.

Ensemble Stimmwerck, *The St Emmeram Codex*, AE10023 (2008) (Tonträger).

Hellmuth Federhofer u.a., Art. *Austria*, in *Grove Music Online* (http://www.oxfordmusiconline.com/public/).

Rudolf Flotzinger/Gernot Gruber (Hg.), *Musikgeschichte Österreichs*, Bd. 1: *Von den Anfängen zum Barock*, Wien ²1995.

Marco Gozzi/Francesco Luisi (Hg.), *Il canto fratto: l'altro gregoriano. Atti del Convegno Internazionale di Studi, Parma-Arezzo, 3-6 dicembre 2003*, Rom 2005.

Heinrich Isaac, *Weltliche Werke*, hg. von Johannes Wolf, in *Denkmäler der Tonkunst in Österreich*, Jg. XIV/1 (Bd. 28), Wien 1907.

[Marc Lewon], *Musikleben-Supplement: News and by-products from the research project* Musical Life of the late Middle Ages in the Austrian Region (1340-1520), http://musikleben.wordpress.com/.

Birgit Lodes, *Sigmund Salmingers* Selectissimae cantiones *(Augsburg 1540) als musikalischer Geschenkdruck für Königin Maria von Ungarn*, in *Gutenberg-Jahrbuch* 83 (2008), S. 93-106.

Birgit Lodes/Reinhard Strohm/Marc Lewon, *Musikleben des Spätmittelalters in der Region Österreich (ca. 1340-1520)*, FWF Projekt P23555, Universität Wien, Philologisch-Kulturwissenschaftliche Fakultät, Institut für Musikwissenschaft (Online-Publikation *Musikleben online*, in Vorbereitung).

Max Lütolf u.a. (Hg.), *Geistliche Gesänge des deutschen Mittelalters. Melodien und Texte handschriftlicher Überlieferung bis um 1530*, 6 Bde., Kassel 2003-2010 (Das deutsche Kirchenlied, Abt. II).

Christina Lutter (Hg.), *Funktionsräume, Wahrnehmungsräume, Gefühlsräume. Mittelalterliche Lebensformen zwischen Kloster und Hof*, Wien-München 2011.

Christoph März (Hg.), *Die weltlichen Lieder des Mönchs von Salzburg. Texte und Melodien*, Tübingen 1999.

Hans Joachim Moser, *Paul Hofhaimer: ein Lied- und Orgelmeister des deutschen Humanismus*, Stuttgart-Berlin 1929.

Heinz Ristory, *Notationstechnische Modifikationen von Vokalvorlagen im Codex Vind. 5094 der Österreichischen Nationalbibliothek (Wien)*, in *Musica Disciplina* 39 (1985), S. 53-86.

Ian Rumbold/Peter Wright, *Hermann Pötzlinger's Music Book: The St Emmeram Codex and its Contexts*, Woodbridge 2009.

Klaus-Jürgen Sachs, *»…nec in processu cum antiquis concordaverim«. Zur Musiktheorie des 15. Jahrhunderts in Deutschland*, in *Die Musikforschung* 62/3 (2009), S. 213-226.

Walter Salmen/Rainer Gstrein (Hg.), *Heinrich Isaac und Paul Hofhaimer im Umfeld von Kaiser Maximilian I.*, Innsbruck 1997.

Adelbert Schusser (Hg.), *Musik im mittelalterlichen Wien*, Ausstellungskatalog, Wien 1986.

Franz Viktor Spechtler, Art. *Monk of Salzburg*, in *Grove Music Online* (http://www.oxfordmusiconline.com/public/).

Martin Staehelin, *Heinrich Isaac und die Frühgeschichte des Liedes Innsbruck, ich muss dich lassen*, in Martin Just/Reinhard Wiesend (Hg.), *Liedstudien: Wolfgang Osthoff zum 60. Geburtstag*, Tutzing 1989, S. 107-119.

Martin Staehelin/Eckhard Neubauer, *Türkische Derwischmusik bei Heinrich Isaac*, in Frank Heidlberger u.a. (Hg.), *Von Isaac bis Bach: Studien zur älteren deutschen Musikgeschichte. Festschrift Martin Just zum 60. Geburtstag*, Kassel usw. 1991, S. 27-39.

Reinhard Strohm, *Native and Foreign Polyphony in Late Medieval Austria*, in *Musica Disciplina* 38 (1984), S. 205-230.

Reinhard Strohm, *Die vierstimmige Bearbeitung (um 1465) eines unbekannten Liedes von Oswald von Wolkenstein*, in *Jahrbuch der Oswald von Wolkenstein-Gesellschaft* 4 (1986/1987), S. 163-174.

Reinhard Strohm, *The Rise of European Music, 1380-1500*, Cambridge 1993.

Reinhard Strohm, *Trienter Codices*, in Ludwig Finscher (Hg.), *Die Musik in Geschichte und Gegenwart*, 2. Ausgabe, Sachteil, Kassel 1999, Bd. 9, Sp. 801-812.

Reinhard Strohm, *Das Orationale Kaiser Friedrichs III. und das europäische geistliche Lied*, in Birgit Lodes (Hg.), *Wiener Quellen der älteren Musikgeschichte zum Sprechen gebracht: Eine Ringvorlesung*, Tutzing 2007 (Wiener Forum für ältere Musikgeschichte 1), S. 229-256.

Reinhard Strohm, *Lied und Musik,* in *Jahrbuch der Oswald von Wolkenstein-Gesellschaft* 19 (2012/2013), S. 359-375.

Reinhard Strohm, *Ritual-Repertoire-Geschichte. Identität und Zeitbewusstsein*, in Björn Tammen/Alexander Rausch (Hg.), *Prozesse und Praktiken der Aneignung musikalischer Repertoires in Zentraleuropa, ca. 1420-1540*, Wien 2013, im Druck.

Benedikt Szabolcsi, *Die ungarischen Spielleute des Mittelalters*, in Friedrich Blume (Hg.), *Gedenkschrift für Hermann Abert*, Halle 1928, S. 159-164.

Erika Timm, *Die Überlieferung der Lieder Oswalds von Wolkenstein (mit Tabellen und Noten)*, Lübeck-Hamburg 1972 (Germanische Studien 242).

Giuseppe Vale (Hg.), *Itinerario di Paolo Santonino in Carintia, Stiria e Carniola negli anni 1485-1487 (Codice Vaticano 3795)*, Città del Vaticano 1943 (Studi e testi 103).

Tom R. Ward, *A Central European Repertory in Munich, Bayerische Staatsbibliothek, Clm 14274*, in *Early Music History* 1 (1981), S. 325-343.

Peter Wright, *Watermarks and musicology: the genesis of Johannes Wiser's collec-tion*, in *Early Music History* 22 (2003), S. 247-332.

Abbildungen

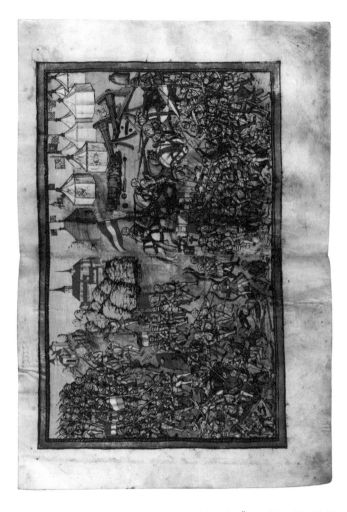

Abb. 1. Schlacht bei Grandson, 1476, mit der Fahne der Österreicher (Kavallerie) und Standarten der Eidgenossen (Fußvolk). »Diebold-Schilling-Chronik 1513« © Eigentum Korporation Luzern (Zentralbibliothek Luzern, ZHB Sondersammlung, Tresor BB. Signatur: S 23 fol.). Mit Genehmigung.

Abb. 2. Trompeter und Schalmeibläser in Richentals Chronik des Konzils von Konstanz, so genannte Leningrader Handschrift, 1464 (UB Prag). [Nach Alexander Buchner, *Musikinstrumente von den Anfängen bis zur Gegenwart*, Hanau 1972, Nr. 135.]

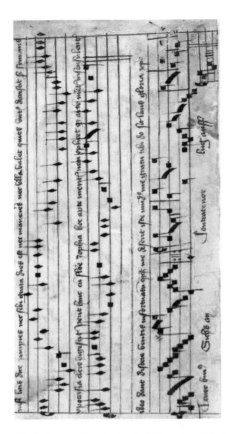

Abb. 3. Motette *Degentis vita* mit süddeutschen Rubriken im Wiener Codex: Stadtbibliothek Nürnberg, Fragment lat. 9, fol. 2r (mit Genehmigung).

Abb. 4. Ein Blatt des Tora-Fragments in Michaelbeuern, Bibliothek des Benediktinerstifts, Man. Cart. 10 (mit freundlicher Genehmigung des Stiftsbibliothekars, P. Michael Eppenschwandtner). Auf der Rückseite (oberes Bild) der zweite Teil des Radels *Ju ich jag* des Mönchs von Salzburg.

Abb. 5. Bibliothek der Erzabtei St. Peter, Salzburg (A-Ssp), fr. 31, fol. 1, 3-st. *Crist ist erstanden* (mit Genehmigung). Überschrift »It[em] d[e] r[e]sur[rectione] d[omin]i pijamoij«.

Abb. 6. Motette *Veni rex conditor/Nunc rogemus/Nu pitten wir den heiligen Geist*, Bayerische Staatsbibliothek München (D-Mbs), Clm 14274, fol. 62r. Editorische Ergänzungen in ⌐¬.

A-LIb 529, Fragment 2
Transcription: Marc Lewon, 19th Nov 2012

Heýa ho nún wie si grollen

Abb. 7. *Heya ho nun wie si grollen,* vierstimmige Bearbeitung. Transkription und Rekonstruktion von Marc Lewon nach A-LIs 529, Fragment 2, und I-TRmp 89, fol. 388v-389r.

Argentum et aurum

Abb. 8. Henricus Isaac, Motette *Argentum et aurum* (1. Teil), Transkription von Marc Lewon nach D-Mbs, Mus. Hs. 3154, fol. 72v-73r.